Atlas mundial
Por Anna Prokos

CELEBRATION PRESS
Pearson Learning Group

Contenido

¿Qué es un atlas?	3
Cómo usar un atlas	4
El mundo	6
América del Norte	8
América del Sur	10
África	12
Europa	14
Asia	16
Australia, Nueva Zelanda y las Islas del Pacífico	18
Antártida	20
El Ártico	21
Estados Unidos	22
Índice	24

¿Qué es un atlas?

el Himalaya en Asia

el río Amazonas en América del Sur

las Cataratas del Niágara en América del Norte

la Esfinge en Egipto

Este libro es un atlas, un libro de mapas. En este atlas hay mapas de ocho regiones del mundo: América del Norte, América del Sur, África, Europa, Asia, Australia, Nueva Zelanda y las Islas del Pacífico, Antártida y el Ártico. También hay un mapa de Estados Unidos.

Cada mapa muestra los países de una región. Los mapas muestran sierras, ríos y lagos. También muestran algunos lugares de interés famosos. Puedes usar los mapas en este libro para encontrar muchos sitios en el mundo.

Cómo usar un atlas

Los mapas de un atlas tienen herramientas para ayudar a encontrar lo que se busca. Con estas herramientas es más fácil leer un mapa y encontrar un lugar dado. Algunas herramientas que se usan en este atlas se muestran en el mapa en estas páginas.

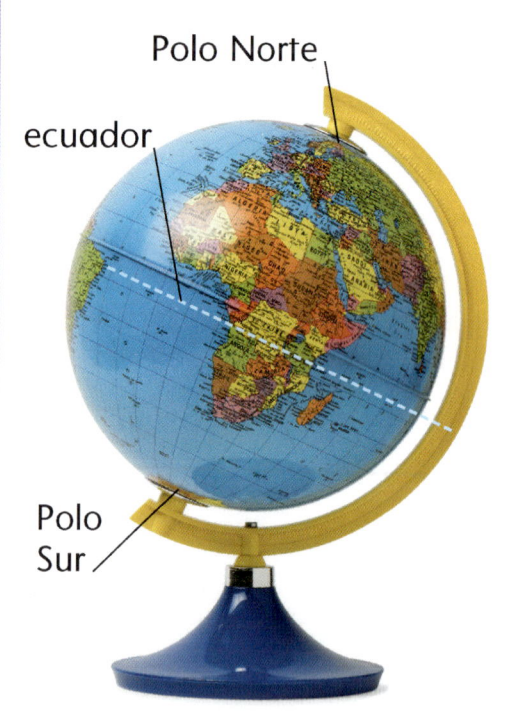

Polo Norte

ecuador

Polo Sur

El ecuador es una línea imaginaria alrededor del centro de la Tierra. Está a la misma distancia del Polo Norte que del Polo Sur. Por lo general, cuánto más cerca está una zona de la línea ecuatorial, más caluroso es su clima. Cuánto más lejos está una zona de la línea ecuatorial, más frío es su clima.

Un mapa localizador muestra dónde se encuentra cada región en el mundo.

Cada país de una región se muestra en un color diferente. Esto hace más fácil reconocer los diferentes países.

Asia

Más de la mitad vive en Asia. La reg del mundo, el monte rande del

El cohete Soyuz TMA-18 parte del Cosmódromo de Baikonur, en Kazajstán, transportando a cosmonautas rusos y astronautas estadounidenses a la Estación

El Taj Majal está en la India.

16

Una línea de puntos azules muestra el ecuador.

4

Las fronteras nacionales en cada región se muestran con líneas continuas.

Las capitales en cada región se muestran con estrellas. Otras ciudades importantes se muestran con puntos rojos.

Las fronteras en disputa se muestran con líneas punteadas.

Tokio, Japón

Una rosa de los vientos muestra las direcciones en un mapa: N indica el Norte, E indica el Este, S indica el Sur y O indica el Oeste.

Una leyenda tiene dibujos llamados símbolos. En un mapa, los símbolos representan diferentes cosas que se encuentran en una zona. La leyenda explica lo que representan los símbolos.

5

El mundo

Este mapa muestra los continentes de la Tierra. También muestra los océanos de la Tierra. Aproximadamente tres cuartos de la superficie de la Tierra están cubiertos por agua.

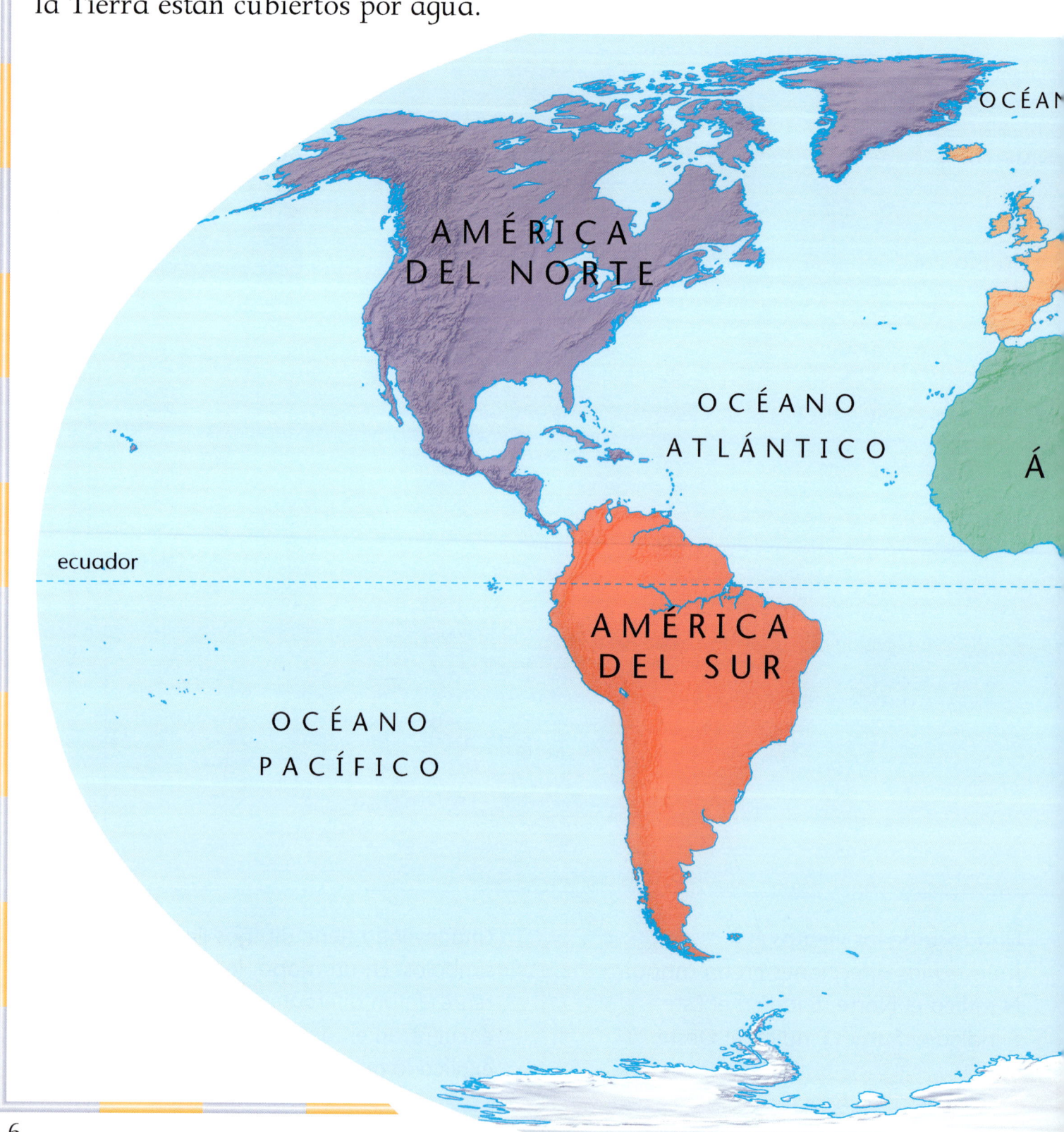

El océano Pacífico cubre aproximadamente un tercio de la superficie de la Tierra. El globo terráqueo muestra lo cerca que está Asia de América del Norte.

América del Norte

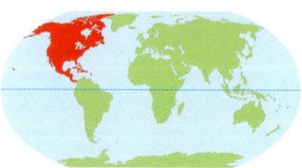

América del Norte tiene casi todos los tipos de terreno. Hay montañas, bosques, desiertos, selvas y tundras. La frontera más larga del mundo separa a Canadá de Estados Unidos.

La Torre CN puede verse en el horizonte de Toronto.

El Cañón Bryce está en el suroeste de Estados Unidos.

El edificio de la Bolsa Mexicana de Valores está en Ciudad de México.

América del Sur

En América del Sur están los Andes, la cordillera más larga del mundo. La selva tropical del Amazonas también está en la región. Allí viven muchas clases de animales.

El Salto Ángel, en Venezuela, es la cascada más alta del mundo.

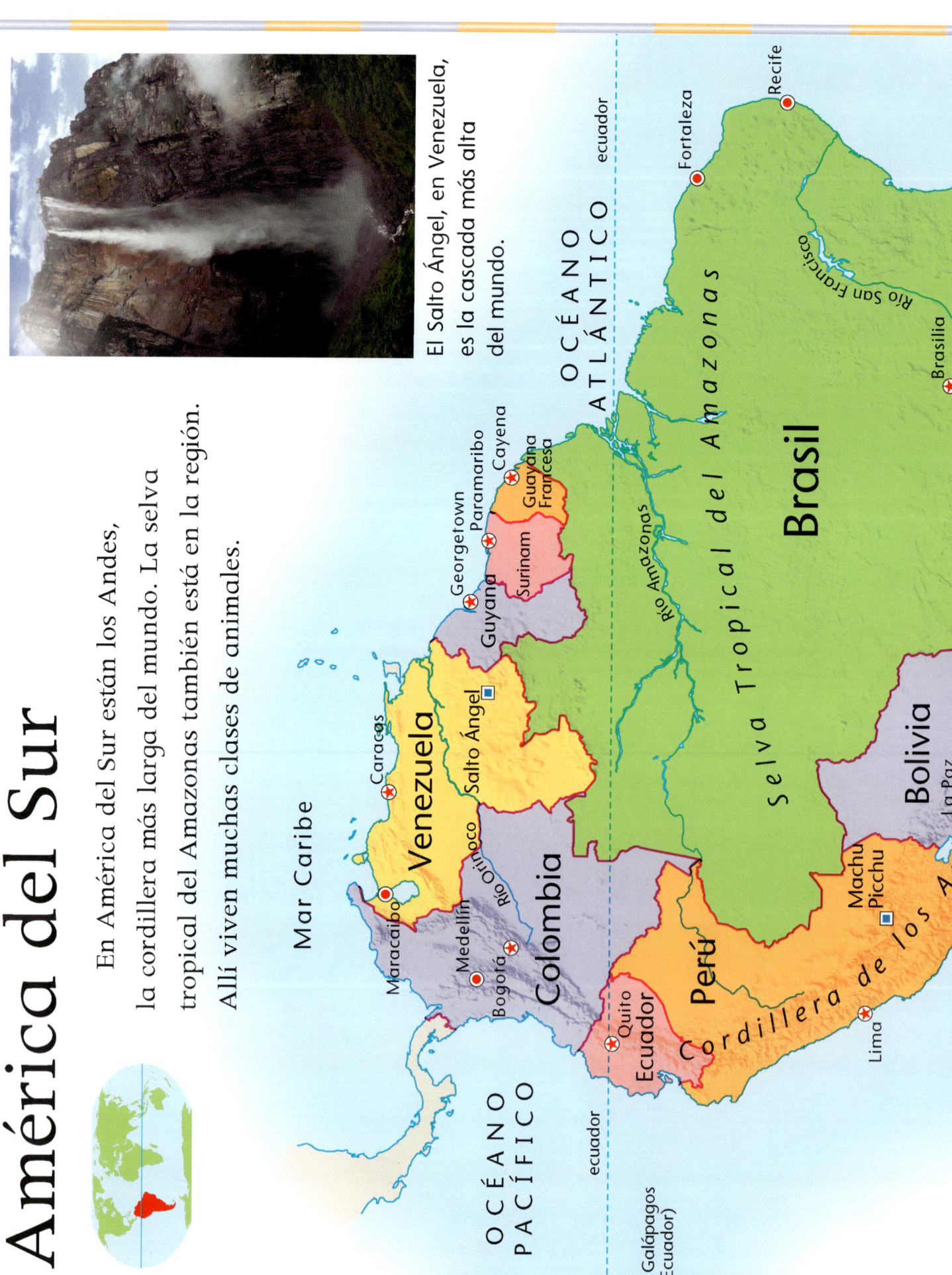

Buenos Aires, Argentina

Esta antigua ciudad en Perú se llama Machu Picchu.

11

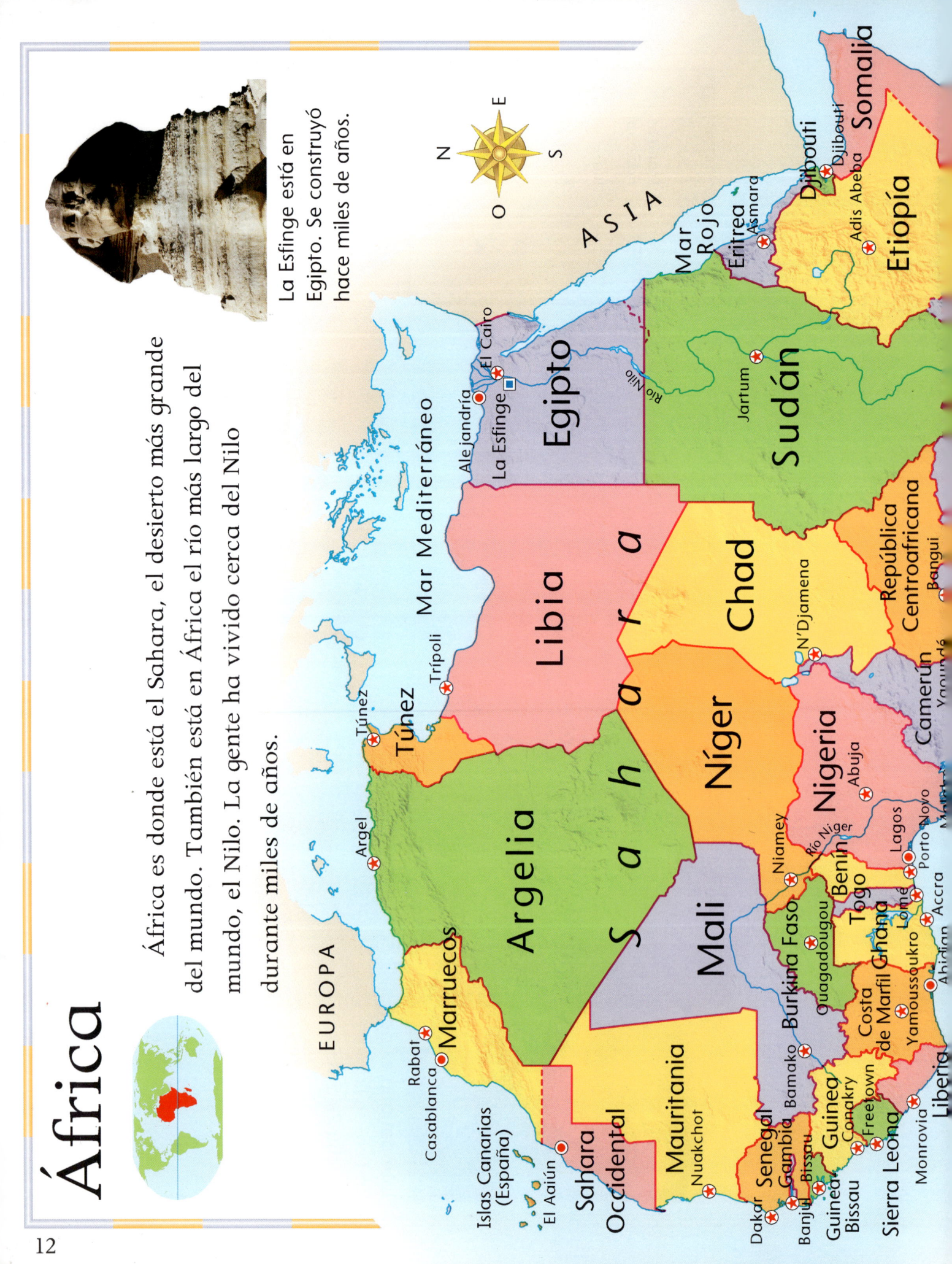

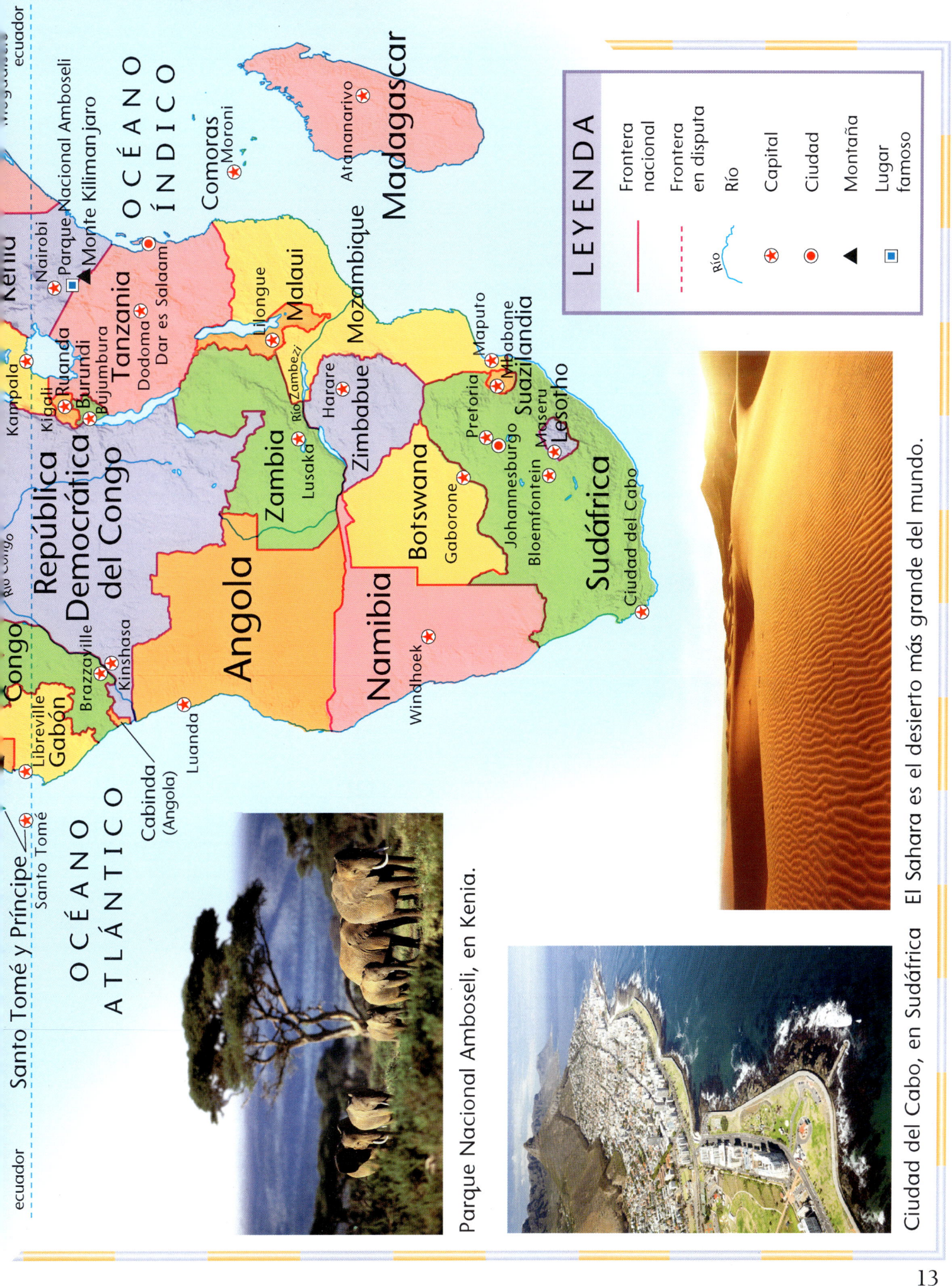

Parque Nacional Amboseli, en Kenia.

El Sahara es el desierto más grande del mundo.

Ciudad del Cabo, en Sudáfrica.

Europa

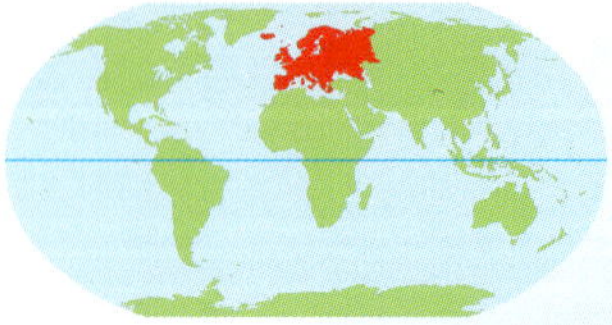

Europa es una región pequeña con muchos países. Hay bosques con nieve en los países del norte. Muchos ríos fluyen por los países del centro. Los países del sur son calurosos y secos.

El Big Ben está en Londres, en el Reino Unido.

La cordillera de los Alpes se extiende por muchos países europeos.

14

Moscú es la ciudad más grande de Rusia.

El Partenón está en Atenas, Grecia.

15

Asia

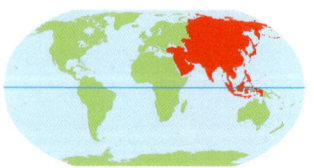

Más de la mitad de la población del mundo vive en Asia. La región tiene la montaña más alta del mundo, el monte Everest. También tiene el lago más grande del mundo, el Mar Caspio.

El cohete Soyuz TMA-18 parte del Cosmódromo de Baikonur, en Kazajstán, transportando a cosmonautas rusos y astronautas estadounidenses a la Estación Espacial Internacional.

El Taj Majal está en la India.

16

Australia, Nueva Zelanda y las islas del Pacífico

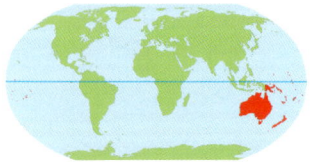

En esta región están Australia, Nueva Zelanda y Papúa Nueva Guinea. También forman parte de la región muchos países que están en islas en el océano Pacífico.

ecuador

OCÉANO ÍNDICO

Darwin
Broome
Australia
Uluru
Alice Springs
Perth
Adelaida

Sydney es la ciudad más grande de Australia.

LEYENDA

——	Frontera nacional
Río	Río
⊛	Capital
⊙	Ciudad
▲	Montaña
▫	Lugar famoso

N O E S

El emú sólo se encuentra en Australia.

Uluru está en la región del desierto central de Australia. Es un monolito o bloque grande de piedra.

18

La Gran barrera de coral es el arrecife de coral más grande de la Tierra.

casas tradicionales con techo de paja en Fiji

Aoraki, en Nueva Zelanda

19

Antártida

La Antártida es el lugar más frío, más seco y más ventoso de la Tierra. Científicos de muchos países trabajan en estaciones de investigación en la Antártida.

La Estación McMurdo es la estación de investigación más grande en la Antártida.

El Ártico

El océano Ártico y las partes del norte de América del Norte, de Europa y de Asia forman la región ártica.

El oso polar vive en el Ártico.

LEYENDA
- ★ Capital
- ● Pueblo
- ▢ Casquete polar

ASIA

EUROPA

Novaya Zemlya

Severnaya Zemlya

Franz Josef Land

Mar de Barents

Longyearbyen
Svalbard
(Noruega)

OCÉANO ÁRTICO

+ Polo Norte

Mar de Groenlandia

Mar Chukchi

Groenlandia (Dinamarca)

AMÉRICA DEL NORTE

Nuuk ★

Hay muchos icebergs en el océano Ártico.

21

Estados Unidos

Estados Unidos tiene cincuenta estados. El más grande es Alaska. El más pequeño es Rhode Island.

El Valle de la Muerte está en California. Es el lugar más caluroso de América del Norte.

Cleveland, Ohio, está en la costa del lago Erie.

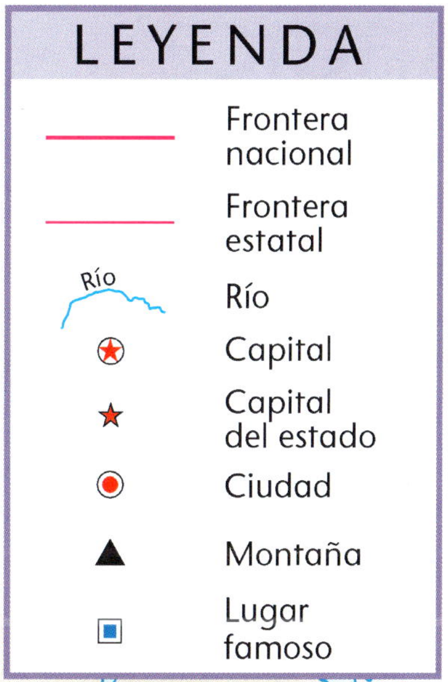

LEYENDA
- Frontera nacional
- Frontera estatal
- Río
- Capital
- Capital del estado
- Ciudad
- Montaña
- Lugar famoso

Los legisladores trabajan en el Capitolio, en Washington, D.C.

OCÉANO ATLÁNTICO

Golfo de México

23

Índice

Afganistán 16
Albania 14
Alemania 14
Algeria 12
Andorra 14
Angola 13
Antártida 20
Antigua y Barbuda 9
Arabia Saudita 16
Argentina 11
Armenia 16
Australia 18–19
Austria 14
Azerbaiyán 16

Bahamas 9
Bahrein 16
Bangladesh 17
Barbados 9
Bielorrusia 15
Bélgica 14
Belice 9
Benin 12
Bután 17
Bolivia 10–11
Bosnia y Herzegovina 14
Botswana 13
Brasil 10–11
Brunei 17
Bulgaria 15
Burkina Faso 12
Burundi 13

Camboya 17
Camerún 12–13
Canadá 8–9
Chad 12
Chile 11
China 16–17
Chipre 16
Ciudad del Vaticano 14
Colombia 10
Comoras 13
Congo 13
Corea del Norte 17
Corea del Sur 17
Costa de Marfil 12
Costa Rica 9
Croacia 14
Cuba 9

Dinamarca 14
Djibouti 12
Dominica 9

Ecuador 10
Egipto 12
El Salvador 9
Emiratos Árabes Unidos (EAU) 16
Eritrea 12
Eslovaquia 14
Eslovenia 14
España 14
Estados Unidos 8, 9, 22, 23
Estonia 15
Etiopía 12

Fiji 19
Filipinas 17
Finlandia 15
Francia 14

Gabón 13
Gambia 12
Georgia 16
Ghana 12
Grecia 14–15
Granada 9
Groenlandia 21
Guatemala 9
Guayana Francesa 10
Guinea Ecuatorial 13
Guinea 12
Guinea-Bissau 12
Guyana 10

Haití 9
Holanda 14
Honduras 9
Hungría 14–15

India 16–17
Indonesia 17
Irán 16
Irak 16
Irlanda 14
Islandia 14
Islas Malvinas 11
Islas Salomón 19
Israel 16
Italia 14

Jamaica 9
Japón 17
Jordania 16

Kazajstán 16
Kenia 12–13
Kirguistán 16
Kuwait 16

Laos 17
Lesotho 13
Letonia 15
Líbano 16
Liberia 12
Libia 12
Liechtenstein 14
Lituania 15
Luxemburgo 14

Macedonia 15
Madagascar 13
Malasia 17
Malaui 13
Mali 12
Malta 14
Marruecos 12
Mauritania 12
México 8–9
Moldavia 15
Mónaco 14
Mongolia 17
Mozambique 13
Myanmar (Birmania) 17

Namibia 13
Nepal 16–17
Nicaragua 9
Níger 12
Nigeria 12
Noruega 14
Nueva Caledonia 18
Nueva Zelanda 19

Omán 16

Pakistán 16
Panamá 9
Papúa Nueva Guinea 19
Paraguay 11
Perú 10, 11
Polonia 14–15
Portugal 14

Qatar 16

Reino Unido 14
República Centroafricana 12
República Checa 14
República Democrática del Congo, 12–13
República Dominicana 9
Rumanía 15
Rusia 15, 16–17
Ruanda 13

Sáhara Occidental 12
San Marino 14
Santo Tomé y Príncipe 13
San Vicente y las Granadinas 9
Santa Lucía 9
Senegal 12
Serbia y Montenegro 14–15
Sierra Leona 12
Singapur 17
Siria 16
Somalia 12
Sri Lanka 16
St. Kitts y Nevis 9
Sudán 12
Sudáfrica 13
Suecia 14
Suiza 14
Surinam 10
Suazilandia 13

Tayikistán 16
Tailandia 17
Taiwán 17
Tanzania 13
Timor Oriental 17
Togo 12
Trinidad y Tobago 9
Túnez 12
Turkmenistán 16
Turquía 15, 16

Ucrania 15
Uganda 12–13
Uruguay 11
Uzbekistán 16

Vanuatu 19
Venezuela 10
Vietnam 17

Yemen 16

Zambia 13
Zimbabue 13